令人着迷的中国旅行记

地下迷宫
DIXIA MIGONG
四川

乔 冰/著　智慧鸟/绘

吉林出版集团股份有限公司
全国百佳图书出版单位

图书在版编目（CIP）数据

地下迷宫 : 四川 / 乔冰著 ; 智慧鸟绘. -- 长春 :
吉林出版集团股份有限公司, 2022.9（2024.3重印）
（令人着迷的中国旅行记）
ISBN 978-7-5731-2048-9

Ⅰ. ①地… Ⅱ. ①乔… ②智… Ⅲ. ①四川—地方史
—少儿读物 Ⅳ. ①K297.1-49

中国版本图书馆CIP数据核字(2022)第167504号

令人着迷的中国旅行记

DIXIA MIGONG SICHUAN

地下·迷宫——四川

著　　者：乔　冰
绘　　者：智慧鸟
出版策划：崔文辉
项目策划：范　迪
责任编辑：金佳音
责任校对：徐巧智
出　　版：吉林出版集团股份有限公司（www.jlpg.cn）
　　　　　（长春市福祉大路5788号，邮政编码：130118）
发　　行：吉林出版集团译文图书经营有限公司
　　　　　（http://shop34896900.taobao.com）
电　　话：总编办 0431-81629909　　营销部 0431-81629880 / 81629881
印　　刷：唐山玺鸣印务有限公司
开　　本：720mm×1000mm　1/16
印　　张：8
字　　数：100千字
版　　次：2022年9月第1版
印　　次：2024年3月第2次印刷
书　　号：ISBN 978-7-5731-2048-9
定　　价：29.80元
印装错误请与承印厂联系　　电话：13691178300

前言

　　中国传统文化丰富多彩，民俗民风异彩纷呈，它不仅是历史上各种思想文化、观念形态相互碰撞、融会贯通并经过岁月的洗礼遗留下来的文化瑰宝，而且是中华民族几千年文明的结晶。而作为世界非物质文化遗产重要组成部分的中国非物质文化遗产，在历史、文学、艺术、科学等领域具有非同寻常的价值，正越来越受到世界各国政府、学术界及相关民间组织的高度重视。

本系列丛书为弘扬中国辉煌灿烂的传统文化，传承华夏民族的优良传统，从国学经典、书法绘画、民间工艺、民间乐舞、中国戏曲、建筑雕刻、礼节礼仪、民间习俗等多方面入手，全貌展示其神韵与魅力。丛书在参考了大量权威性著作的基础上，择其精要，取其所长，以少儿易于接受的内容独特活泼、情节曲折跌宕、漫画幽默诙谐的编剧形式，主人公通过非同寻常的中国寻宝之旅的故事，轻松带领孩子们打开中国传统文化的大门，领略中华文化丰富而深刻的精神内涵。

人物介绍

茜茜

11岁的中国女孩儿，聪明可爱，勤奋好学，家长眼中的乖乖女，在班里担任班长和学习委员。

布卡

11岁的中国男孩儿，茜茜的同学，性格叛逆，渴望独立自主，总是有无数新奇的想法。

瑞瑞

11岁的中国男孩儿，布卡的同学兼好友，酷爱美食，具备一定的反抗精神，对朋友比较讲义气。

欧蕊

11岁的欧洲女孩儿，乐观坚强，聪明热情，遇事冷静沉着，善于观察，酷爱旅游和音乐，弹得一手好钢琴。

塞西

9岁的欧洲男孩儿，活泼的淘气包，脑子里总是有层出不穷的点子，酷爱网络和游戏，做梦都想变成神探。

机器猫贵尔曼

聪慧机智，知识渊博，威严自负，话痨，超级爱臭美；喜欢多管闲事，常常做出让人哭笑不得的闹剧。

华纳博士

43岁的欧洲天才科学家，热爱美食，幽默诙谐，精通电脑，性格古怪。

目录

第一章

技惊四座 / 1

第二章

甑桶飘香 / 13

第三章

巧夺天工 / 25

第四章

放水节 / 37

第五章

川江号子 / 49

目　录

第六章

地下迷宫 161

第七章

古老的溜溜调 173

第八章

匪夷所思的神偷 185

第九章

彩龙飞舞 197

第十章

真相大白 / 109

第一章

Chapter 1

技惊四座

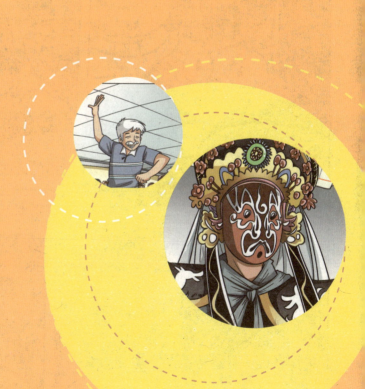

 扫码获取

☑ 角色头像
☑ 阅读延伸
☑ 趣味视频

众人紧盯着摊开的古书。

这是第九个谜语了——也是最后一个。

破解了它，我们就能得到完整的藏宝图了。

第九个谜语的谜面由两部分组成——一部分文字，一部分图案。

祖先藏起来的天价古董，即将重见天日。

走到今天可真不容易，总算胜利在望！

先看文字部分：天府之国，车拧到家……

天府之国我知道，车拧到家却让人费解。

而这图案则像个迷宫，是地图吗？

这最后一个谜题真刁钻！

我们已经破解了八个迷雾重重的难题，最后一个难题也一定能破解。

说得对，我们先到天府之国四川成都再说。

天府之国到底是什么意思？

天府寓意天生的仓库，指土地肥沃、物产丰富之地。

不愧是天府之国，光看街名就知道有多繁华了。

还有各种手工作坊街：染坊街、金丝街、灯笼街……

卖牲畜的牛市口、骡马市，卖食物的鱼市坝、米市坝……

世界上最早的纸币，就是在北宋时的四川诞生的。

我闻到一股异香……沸腾鱼的味道！

博士，您的脑袋都快埋进菜盘里了！

彼此彼此！太过瘾了！又麻又辣又鲜又香！

两个不可救药的"吃货"！

这家菜馆竟然还搭建着舞台。

演员戴的脸谱真好玩，上面画着可爱的动物图案。

那是川剧脸谱的显著特色。

那位演员的嘴上画了一只大蟹螯，嘴巴一动蟹螯就动。

太像横行霸道的螃蟹了！

他扮演的是《水漫金山》里的蟹将。

又一位演员出场了……咦，他脸上的脸谱怎么变了？

他只是一抬手，脸上的脸谱怎么就变了？

传说中的变脸？！

又变了！他什么也没做啊，只是甩了一下头而已。

第十五张不同的脸谱了！太不可思议了！

怎么做到的？我的眼睛一眨不眨，却还是没有看出门道。

变脸的手法大体有三种，他用的是扯脸法。

天府之国

　　成都所在的四川盆地土地肥沃，雨量充沛，秦国时李冰父子修建了都江堰之后，这里更是沃野千里，农业空前发达，是当时粮食和赋税的主要来源地。

　　此外，盆地四周是崇山峻岭，易守难攻，诸葛亮把这里当立国的根据地，唐玄宗和唐僖宗则选择到这里躲避战乱。这里粮食富足、歌舞升平，也就当之无愧地被授予"天府之国"的美誉。

川剧

成都是戏剧之乡，在唐代就有"蜀戏冠天下"的盛名。

　　川剧吸收、融合各地唱腔，在清代乾隆年间逐渐形成了包含高腔、胡琴、昆腔、灯戏、弹戏五种声腔，用四川话演唱，演出过程中有变脸、喷火等绝技的展示。

川剧语言生动、诙谐，唱腔美妙，生活气息浓郁，剧目繁多，素有"唐三千、宋八百，数不完川剧表演的三列国"之说。

变脸

随着川剧剧情的变化，需要改变表演者的脸谱来表达人物内心世界的变化。能在众目睽睽之下的舞台上，瞬间完成脸谱变化，聪慧的川剧艺人创造了被誉为中国国宝的变脸特技。

运气：运用气功，使脸色自如转换。

抹脸：将化妆油彩涂抹在脸的特定部位，表演时用手往脸上一抹，就可以变成另外一张脸谱。

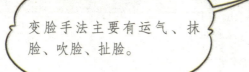

变脸手法主要有运气、抹脸、吹脸、扯脸。

瞬间艺术

吹脸：把各种颜色的粉末装进特定的容器，演员掩人耳目地将脸贴近容器，把粉末吹到脸上，完成脸谱的改变。

扯脸：将脸谱画在多张绸缎上，每张脸谱都系一根丝线，系在顺手而又隐蔽的地方（如腰带）。演员在舞蹈动作的掩护下，一张一张地将脸谱扯下来。

扯脸技法比较复杂，脸谱粘得要恰到好处，既要避免扯不下来，又要确保每次只扯下一张。

Chapter 2

甑桶飘香

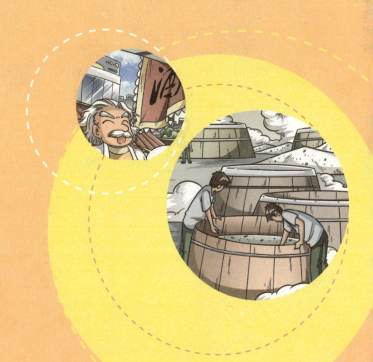

扫码获取

- 角色头像
- 阅读延伸
- 趣味视频

酒还分香型？

我刚才闻到的，就是从这里散发出的酱香型白酒的味道！

的确有种类似酱制食品的香气。

酱香型白酒？是散发出豆瓣酱味道的白酒吗？

把酱香型白酒喝光后，空杯子里的香气久久不散。

想不到酒竟然有这么多学问。

小店酱香型、浓香型和清香型白酒应有尽有，客官想买哪种？

每种来一点儿！想不到天府之国竟然有这么多种白酒！

四川空气湿润，很适合微生物生长，是著名的酒乡。

没文化真可怕！没有微生物怎么能酿造出酒？

我们不是在讨论酒吗？跟微生物有什么关系？

叔叔，您为什么把它们作对比？

哇，比白兰地和威士忌口感更好。

威士忌、白兰地和中国的白酒都是世界著名的蒸馏酒。

小店的白酒应有尽有，还有我家自酿的。

蒸馏酒是用什么酿造的？

大米、高粱等粮食都可以用来作原料。

我家发酵酒用的窖，已经有几百年的历史了。

而微生物产生的香味物质也就越多，酒香也就越浓。

几百年的老窖？窖池越老繁衍的微生物就越多。

难怪你家酿造的白酒这么香！

蒸馏酒顾名思义，得有蒸馏工序吧？

对呀，我怎么没看到在哪里进行蒸馏啊？

看到那个甑桶了没有？那是用来蒸馏的利器。

甑桶蒸馏是中国的独门绝技，甑桶里面会发生一系列复杂的物理反应。

哇，蒸馏出的白酒好清澈！

而且散发出浓郁的酒香！

我家的酒要经过多次发酵、多次蒸馏，然后进行勾兑。

布卡好奇地围着几个埋在地里的陶缸转圈。

咦，这里面装着什么？

是酿好的酒——窖藏是酿造蒸馏酒的最后一道工序。

贮藏过程中酒会继续发生缓慢的化学反应，味道也随之变得更甘醇。

姜是老的辣，酒是陈的香，酒陈酿后味道更绵柔。

叔叔你怎么走神了？

总觉得背后有双眼睛在盯着我们……

三星堆

1929年春天，四川广汉的农民挖水沟时，发现一坑精美的玉器。尘封已久的三星堆重见光明，当地出土了很多罕见的青铜器、玉器和黄金制品，这一发现轰动了全世界。

人们一直认为中华民族的发祥地是黄河流域，而三星堆遗址展现了巴蜀古国灿烂的文明，把巴蜀的历史推到了5000年前，强有力地证明了长江流域与黄河流域同是中华民族的发祥地。

川酒

威士忌、伏特加、金酒、白兰地、朗姆酒、中国白酒，这些都属于蒸馏酒。中国白酒采用富含糖分的玉米、高粱等粮食酿制，技艺独特，根据原料和生产工艺的区别，分成浓香型、清香型和酱香型等多种香型。

四川地势独特，空气湿润，适合微生物生长，酿酒条件得天独厚，出产众多中国名优白酒，其中泸州老窖和五粮液驰名中外。

蒸馏酒酿造技艺

原料处理：把高粱、玉米等原料粉碎。

拌糟：把处理好的原料和谷糠拌匀，使其保持疏松的状态，蒸馏时更有利于蒸气的流通。

装甑：装入特制的甑桶，手法要轻，撒料要薄而且均匀。

蒸馏：控制温度和气压，保证原料蒸熟、蒸透。

出甑：原料蒸好后及时取出，摊开放凉。

撒曲：酒曲是从发霉的谷物中提取出来的，里面有特有的微生物，对酿酒时各种复杂的香味物质的形成有至关重要的作用。

陈酿

入窖发酵：根据酒的类型选择合适的酒窖——浓香型酒采用泥窖发酵，酱香型酒则用条石砌壁，黄泥打底，这样更有利于酱香气味的形成。

勾兑：不同的甑桶蒸馏出的酒，口感各有特点，必须进行勾兑，保证口感的统一。

陈酿：新蒸馏出的酒口感辛辣，必须经过一段时间的窖藏才能饮用。新酒经过贮存，香气和口感变得醇厚，此贮存过程被称为陈酿。

美酒虽好，但小朋友可不要尝试呀！

巧夺天工

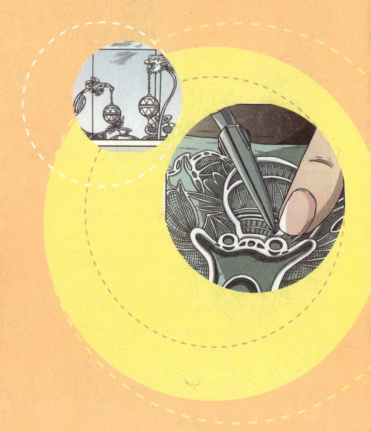

阮姑娘你来了……还没来得及恭喜你结婚呢。

众人正想跟酒馆主人告别，一位衣着华丽的年轻女子走了进来。

谢谢……我想为丈夫买些上好的陈酿。

姐姐，你脖子上戴的项链好美！

好美……你父亲的手真巧！

这项链是我父亲亲手做的，送给我当新婚贺礼。

阮姑娘家世代开银花丝作坊，在附近颇有名气。

想不到用白银竟然能做出这么美的艺术品！

项链上的花朵和小鸟形态逼真，活灵活现。

配上白银的光芒，美得不像话！

你们看蝴蝶的翅膀！那里的每根银丝都像头发一样纤细！

你表达赞美的方式好特别。

这工艺简直匪夷所思！

不是一根，而是由几根更细的银丝拧在一起做成的。

她提到的这种手法，会不会跟第九个谜语的"车拧到家"有某种关联？

精巧绝伦……等等，你刚才说拧在一起？

我只是一知半解……不如你们去请教我的父亲吧。

阮姑娘，你能否跟我们仔细讲讲拧银丝的工艺？

每一件银丝作品都玲珑剔透，典雅高贵。

有几件是阮家的传家宝，不对外卖的。

传家宝？那一定放了好多年吧？

我妈妈买的银饰过段时间就变色了，为什么这件银器却依旧色泽柔和？

我记得父亲要做洗色处理。

那些个头儿大的银丝成品怎么制作啊？

不管多大的银花丝制品，都是采用平填技术制成的。

我没听懂……

就是不用制胎，根据设计直接用纤细的银丝拧成型。

平填技术虽然难，但焊接工序的难度更胜一筹。

无胎成型？岂不是对工匠的技艺要求特别高？

白银热胀冷缩特别明显，焊接时受热不会变形吗？

银丝这么细，火大了会把它烧化。

火小了又焊接不牢。

除了娴熟的技巧，还要用独门配方的焊接材料。

阮师傅，请问制作银花丝有没有车拧工序？

有时候会把几股极细的银丝拧成麻花状，使其更美观，但绝不叫车拧！

风靡天下的蜀地金银器

　　早在殷商时代，这里的工匠们就已熟练掌握了金银器制作技艺，到汉代，技艺已达到炉火纯青的水平，留下了无数惊世之作：三星堆出土的纯金面罩，精雕细刻着人面、鱼、鸟图案的金杖；成都金沙遗址出土的"太阳神鸟"金箔，等等。

　　这些巧夺天工的作品，表明成都的金银器制作技艺已经风靡天下。

银花丝技艺

　　银花丝技艺是四川特有的传统手工艺，它以高纯度白银为原料，靠工匠的巧手制作成仅有发丝粗细，甚至比发丝更细的银丝，然后用这些纯银丝做线，手工制作出一件件形态自然、逼真的杰作。

　　贵气逼人、色泽柔和的白银，配上完美的构图和巧夺天工的技艺，使得每一件银花丝作品都散发出高雅、迷人的气质。

平填技术

　　不管银花丝作品的造型和大小如何，制作时一律采用无胎成型的平填技术。所谓平填，就是工匠们根据设计图稿，用提前制作好的粗细不同的纯银丝，制作出作品的图形边框，再用填丝、垒丝、穿丝、搓丝等技法对中间的图纹进行填充和编织。

　　这种独特的技法，十分考验工匠们的领悟力、眼力、耐心和熟练程度，充分彰显出这一民间技艺的神奇之处。

银花丝制作的主要工序

制作银花丝需要30多道工序，主要有：

拉丝：用自制的拉丝工具，将小指粗细的银条拉成纤细的银丝。

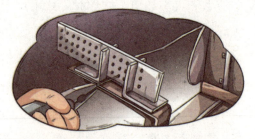

平填花丝：将银丝平填进框架中。

焊接：银花丝工艺中最难的工序，要充分考虑金属银热胀冷缩的属性，配制特制焊料，把所有极细的银丝都焊接好。

洗色：配制10余种化学原料，将成品放置其中进行高温烧煮，使纯银的光泽充分绽放，且保存长时间不褪色。

第四章

Chapter 4

放水节

即便如此，能目睹制作银花丝的绝技也不枉此行。

看来拧银丝跟我们要找的"车拧"毫无关联。

霍曼突然闯了进来，径直朝着拿古书的华纳博士扑去。

叔叔小心！

就凭我的身手，谁也无法从我这里抢东西！

华纳博士想躲开霍曼，脚下却一个踉跄。

众人呆若木鸡地看着古书被撕扯成两半。

古书被撕坏了！

机器猫你太野蛮了，一点儿绅士风度都没有！

把"车拧到家"的那一半还给我！

休想！你们以多欺少，我不玩儿了！

原来你们是为此而来……我提议你们去青城山找位解谜高手。

阮工匠推荐的那位解谜高手，真能破解天下奇谜？

行不行总要试试再说。

咦，那边怎么人山人海的？

锣鼓喧天，人声鼎沸，比春节还热闹。

几位竟然不知道清明放水节？外地来的吧？

天府第一盛会的放水节？

算你有些见识……以前这里水患无常，百姓苦不堪言。

古人们认为是水神在作怪。

百姓抬着牛、羊等祭品到河边，投入水中祭祀河神。

还信奉河神？

太无知了！

后来，李冰父子主持修建了都江堰，把这里变成了天府之国。

为了纪念他们，祈求五谷丰登，这里每年都会举行放水节。

砍杩槎上的绑索放水。

他们在做什么啊？

冬季是枯水季节，人们用杩槎——就是木棒扎起来的三脚架，截流断水。

而清明是灌溉时节，人们砍倒杩槎，放水灌溉入渠。

哇，江水一泻千里！

这滚滚的江水，将灌溉千里沃野……

太壮观了！

在风景秀丽的青城山，众人唉声叹气地行走在山路上。

解谜高人云游去了，我们晚了一步！

这青城山景色如此秀美，还有必要去别的地方云游吗？

线索又断了……哎呀！

迷宫图掉到地上了！

我怎么觉得这个图案似曾相识？

年代最久远的水利工程

天府之国在古代水旱灾害十分严重：雨季时岷江水势骤涨，泛滥成灾；雨水不足时，两岸庄稼缺乏灌溉，颗粒无收。

公元前256年，秦国蜀郡太守李冰和他的儿子率领当地民众，修建了都江堰水利工程，将岷江水流分成两条，分洪减灾，引水灌田，成都平原从此成为千里沃野。

2000多年过去了，都江堰仍在灌溉千万亩农田，是世界上年代最久远的水利工程。

清明放水节

古人靠农业繁衍生息，水对他们至关重要。秦代以前的岷江水患无常，沿岸百姓民不聊生。

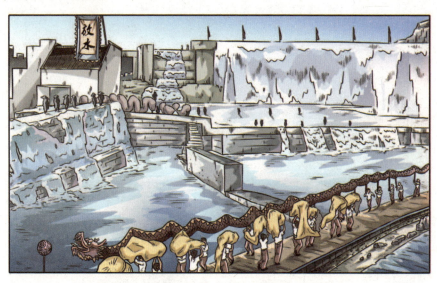

李冰父子主持修建了都江堰水利工程，解救了生活在水深火热中的人们，大家对其感恩戴德。唐太宗褒封李冰为神勇大将军，并"春秋设斗牛"纪念他。这就是最早的放水节。

978年，为纪念李冰父子，北宋正式将清明节这一天定为放水节，一直延续至今。

天府第一盛会

冬天枯水季节，蜀人用"杩槎截流法"围堰蓄水。清明节时农区需要灌溉，人们举行隆重的仪式后，由身强力壮的堰工奋力砍断杩槎上的绑索，河滩上的人们用力拉绳，杩槎解体倒下，江水顷刻奔涌而出，进入灌渠浇灌万亩良田，情景无比壮观，被誉为天府第一盛会。

人们跟着水流奔跑，不断将石头打向水流最前面，表达美好的祝愿。

青城天下幽

青城山位于都江堰水利工程西南10千米处，是道教名山，面积约200平方千米，分为前山和后山，因为形状酷似城郭而得名。

青城山群峰环绕，林木葱茏，曲径通幽，风景秀美，享有"青城天下幽"的美誉。

唐宋时期，青城派武术吸收融合外来武术，形成独特的体系，成为中国武术四大门派之一（其他三派分别是少林派、武当派、峨眉派）。

第五章

Chapter 5

川江号子

如果我没记错，在我们的村寨里见过。

你见过这个迷宫图案？

博士，想不到你的一撞竟然撞出了新的线索！

我来自桃坪羌寨，你们可以叫我日谷得。

大哥哥，你们村寨在哪里？快带我们去！

川江翻滚的巨浪，凶猛地朝着岸边陡峭的悬崖撞去，水花四溅。

去你家要从这里过江？

这里水流这么湍急，会把木船打翻的！

方向也不对啊……你竟然要带我们逆流而上？！

日谷得哥哥，我佩服你的勇敢，但绝对不想听你指挥！

我也坚决反对！我可不想船毁人亡！

看到岸边的纤夫了吗?

纤夫?就是在岸上拉着船前进的人?

纤绳紧勒在他们赤裸的背脊上,一定很疼。

他们用脚蹬着石头,用手在岩石上爬行。

太辛苦了!

他们真像一张张拉满的弯弓,充满了力量。

这些坚实的肩膀,会把木船送到水流平缓的地方。

这是川江号子，可以统一纤夫的脚步。

那些纤夫唱起歌来了……这旋律好独特。

这声音雄壮浑厚，听得我热血沸腾。

靠喊口号来让动作统一……真是好主意。

他们现在唱的号子好像在提醒附近有暗礁。

又换唱词了——是在说水的流速。

号子的唱词很丰富的，可以提醒大家沿途的潮涨潮落，暗礁明礁……

而且他们号子的腔调和节奏与水势契合，水流急号子也急。

他们的号子节奏越来越快了……

前面的那段水流看起来凶险无比，仅靠他们的肩膀能与之抗衡吗？

这是鸡啄米号子，他们要准备闯滩了！

号声快而有力，几乎是在吼了。

伴随着这种号子，他们拼上了全身的力量！

咆哮的江水和高亢的号子交织在一起，真是惊心动魄！

纤夫们唱着号子，拼尽全力拉船闯滩。

你刚才还吓得吱哇乱叫，为什么现在却一脸镇定？

听着这荡气回肠的号子，我浑身都充满了勇气和力量！

靠岸的众人，百感交集地凝视着准备拉拽下一艘船的纤夫。

那些激流中本来无法行船的……

那些裸露的脊梁，充满了坚毅和智慧。

无论多凶险的水流，有纤夫在都能安全靠岸。

他们是无畏与大自然抗争的勇士！

我要记下川江号子独特的旋律！

姐姐，你在哼唱什么？

川江

　　川江是万里长江的起始段，流经富饶的四川盆地和闻名于世的长江三峡，两岸高山叠嶂，水流湍急，因大部分河段位于四川省境内，人们通常称呼它为川江。

　　川江水流主要由降水形成，每年6月到10月为汛期，届时川江的主要支流金沙江、岷江、沱江、嘉陵江、乌江等都会水量充盈，为两岸灌溉提供便利。

木船上的口号声

俗语云：蜀道难，难于上青天。重峦叠嶂、河流纵横的四川境内交通不便，客运往来大多要靠木船。大的木船有二三十位船工，小木船只有几位船工。为首的船工是一船之长，被称为艄公，指挥着其余船工。川江航道曲折，山势险峻，水位落差大，船工们寸步难行。艄公便喊口号指挥行船，统一节奏。这就是最初的川江号子。

川江号子

　　千百年来，川江上的船工风里来雨里去，对江水的情况了如指掌，编创出不同节奏和音调的各种川江号子，来表达水势、水性、明滩、暗礁等情

况。船顺流而下或者在平缓的水面上航行时，船工就唱音调悠扬、节奏舒缓的挠号子、龙船号子等，缓解疲劳，积攒体力；船穿越水流湍急的河滩时，船工就唱雄壮激烈、节奏强烈的鸡啄米号子，拼命拉船闯滩……

长江文化的活化石

船工因常年在江中行船，积累了丰富的行船知识，在号子声中把一批又一批船客和货物安全送达。

时而舒缓时而高昂的川江号子，与船所行水势的缓急相互契合，震撼人心。这些荡气回肠的号子代代流传，被称为长江文化的活化石。

川江号子不仅节奏多变，而且唱词丰富，以沿江的景观、地名、历史等为题材进行编创，知识性丰富。

第六章

Chapter 6

地下迷宫

一片黄褐色依山而建、碉堡林立的石屋出现在众人面前。

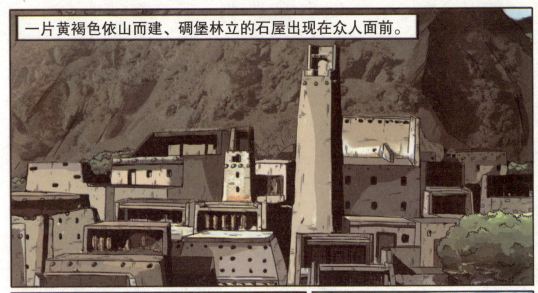

这就是我的故乡——桃坪羌寨。

哇，你们的村寨真像欧洲的古堡！

那些碉堡是做什么用的？

它们叫碉楼，是用来御敌和贮存粮食的。

它们形状各异，有四个角的、六个角的和八个角的。

那边那座足足有十三四层高呢！

修建这些碉楼时不用图纸，也没有用任何柱架做支撑。

全凭高超的技艺修建，却历经风雨后依旧稳固如初。

你们的村寨巷子纵横，真像个大迷宫！

如果没人带路，转上一天也摸不着头绪。

你们有没有听到悠扬的乐声？仿佛能把人带入另一个时空。

有人在吹奏羌笛。

众人一起围绕在羌笛吹奏人跟前。

好小巧的笛子！

这羌笛音色悲凉，很有穿透力。

悲凉？难道它就是"怨杨柳"的诗里提到的羌笛？

什么"怨杨柳"的诗，是"羌笛何须怨杨柳，春风不度玉门关"。

我以前学过笛子，老师反复强调吹奏时不能鼓腮。

那为什么他的腮帮子鼓得老高？

羌笛和笛子完全是两回事，采用非同寻常的吹奏法——鼓腮换气。

这鼓腮换气法一气呵成，无论多长的曲子，吹奏时绝不会停顿。

如果没有天分，学几年也还是吹不成调，比如……我。

羌笛是用什么做的？我能否买一根？

你要是喜欢我可以做一根送你，不过你要等很久。

因为制作羌笛的高山箭竹很不好找。

必须在深秋时节到岷江流经的深山里去寻。

挑选好高山箭竹后，要放在家中火塘的高架上，用烟熏上一两年。

然后放进清油里浸泡一年半载。

做一根羌笛竟然要经年累月？

日谷得家中隐蔽处，众人看见一个漆黑的洞口。

是密道?!

这密道通往哪里啊?

等会儿你们就知道了……跟紧我!

想不到羌寨的地下别有洞天!

完美的地下供水系统!

把山泉水用暗渠送到每家每户。

我现在可以确定，这里与第九个谜语的迷宫图一模一样。

咦？这里有个我们家族的标志！

听这敲击声，里面应该是空的。

快打开看看！

机器猫小心翼翼地打开家族标记下的石砖，露出一个小石洞。

你们快看，石洞里有个盒子！

古老的羌族

羌族是中华民族最古老的民族之一，原聚居于甘肃、青海一带，后来迁往岷江上游。传说《封神榜》里的姜子牙就有羌族血统。

羌族和羊的关系密切：羌族源于古羌，古羌人以牧羊著称于世。"羌"字是从"羊"字演变而成，羌人喜欢穿羊皮褂，在山中、林地、屋顶和屋内供奉白石。羌族从前是只有语言没有文字的民族，民间文学主要靠世代口授和歌唱传承下来。

东方古堡

桃坪羌寨里顺着山势逐坡上垒的石屋和林立的碉堡相呼应，被称为"神秘的东方古堡""羌族建筑艺术活化石"。

桃坪羌寨以古堡为中心，有8个出口和纵横的甬道，使得整个村寨宛如迷宫，地下供水系统更是独一无二：泉水经暗沟流至每家每户，既能提供饮用水，又能调节室温，如同天然空调。战争时还能避免敌方切断水源，也方便村民从暗渠逃生。

羌笛演奏

羌笛有两个笛管发音，音色清脆而又悲凉，"羌笛何须怨杨柳，春风不度玉门关"是对它最好的诠释。

演奏羌笛时采用鼓腮换气法——鼓起双腮，让气流在鼻孔和肺之间自由出入，鼓起的腮则构成气流的仓库，可以循环换气，让羌笛演奏时没有丝毫停顿，一气呵成。

除了鼓腮换气，羌笛在吹奏中还有诸多技法：喉头颤音、手指上下滑音等。

羌笛的制作工艺

一、找材料——选深秋时节岷江流域的高山箭竹为材料。

二、烘干——把箭竹架在火塘高架上，用烟熏上一两年。

三、用清油浸泡——把笛管放进清油里浸泡半年至一年。

四、去皮——去掉笛管周身的表皮。

五、打孔——打出的孔要左右对称。

六、上漆——在笛身的双管上涂一层清漆防蛀。

七、制作双吹嘴——吹嘴是羌笛的心脏，决定着羌笛演奏的音质和音色。

第七章

Chapter 7

古老的溜溜调

这上面写着的是一段乐谱。

什么了不得的乐谱，竟然藏得如此隐秘？

因为时间久远，加上这里空气潮湿，有几个音符已经很模糊了。

不如去康定找人碰碰运气，看能否补齐乐谱。

这么大费周章找到的竟然是残缺的乐谱？

乐谱跟第九个谜语能有什么关系？

众人过高山，下深谷，过渡河，个个疲惫不堪。

早就听闻"蜀道难，难于上青天"，今天算彻底领教了。

日谷得哥哥，你故意的吧？

就是，为什么非要翻山越岭地去什么康定？

康定人个个酷爱音乐，说不定有人见过羊皮卷上的曲子。

这康定城被三座高山环绕，杜鹃遍野，真像童话世界。

热闹非凡的康定城里，众人东张西望。

这里竟然这么热闹！

城里有很多商人牵着驮着货物的马。

康定是川藏的咽喉，是茶马古道上的重要城市。

康定城里混居着多个民族，其中藏族人居多。

有很多居民是藏族装扮。

这茶马古道经过的地方可真多——我们已经去过的云南、西藏，还有这里，都有茶马古道的踪迹！

城南那座山就是名扬天下的跑马山，每年都会在那里举行转山会。

跑马山？转山会？

转山会是康定最隆重的节日。

难怪日谷得哥哥说这里的人们酷爱音乐，街上到处都是婉转动情的歌声。

康定、跑马山……怎么这么耳熟？

很多人知道这里，是因为那首《康定情歌》。

跑马溜溜的山上，一朵溜溜的云哟……

你的歌声实在是……太独具一格了！

日谷得，你的表情怎么近乎惊恐？

叔叔，机器猫的歌声可以直接给恐怖片配音了！

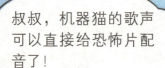

救命啊！太难听了！

管这种嗓子叫乌鸦嗓子，都是侮辱了乌鸦！

端端溜溜的照在，康定溜溜的城哟……

叔叔，你当初设计机器猫时，就不能赋予它悦耳的歌声？

先凑合着听吧，以后再改良。

虽然歌声刺耳，但勇气可嘉……不过，求求你还是别唱了！

这首最具代表性的《康定情歌》，竟然被唱成了这样……

康定与茶马古道

茶马古道分川藏和滇藏两条路线，把川、滇、藏紧密联系在一起，延伸到不丹、尼泊尔、印度境内，直到西亚、西非红海海岸。

其中川藏茶马古道在中国境内的路线为：成都—雅安—康定—昌都—拉萨。

康定位于川藏茶马古道的中心，是藏区和内地交通联系的枢纽。特殊的地理位置使得这里客商云集，经济繁盛，汉、藏文化交融在一起。

跑马山

康定城被三座山环绕，其中的跑马山简直是大自然鬼斧神工创造出的天然公园，山顶有美不胜收的湖泊——五色海。

跑马山藏名叫拉姆则，寓意仙女山。从清代至民国，因赛马会年年在这里举行，因此得名跑马山。每年的农历四月初八，当地居民都会聚集在跑马山，举行盛大的转山会活动，热闹非凡。

而一首《康定情歌》，使跑马山扬名世界。

全球十大情歌之一

20世纪90年代，美国宇航局曾在全球范围内选录10首最具代表性的歌曲，中国唯一入选的歌曲就是《康定情歌》。

《康定情歌》由当地古老的民谣溜溜调演变而成。溜溜调的歌词和旋律与《康定情歌》相似，但更悠扬婉转，充满西部韵味。

歌词朴实无华的溜溜调有多种演唱形式，如一男一女对唱、多对男女对唱，演唱方式包括一问一答、一问多答等。

康定情歌

1.跑马溜溜的 山 上 一朵溜溜的 云哟，端端溜溜的 照 在
2.李家溜溜的 大 姐 人才溜溜的 好哟，张家溜溜的 大 哥
3.一来溜溜的 看 上 人才溜溜的 好哟，二来溜溜的 看 上
4.世间溜溜的 女 子 任我溜溜的 爱哟，世间溜溜的 男 子

康定溜溜的 城哟，月亮 弯 弯，康定溜溜的 城哟。
看上溜溜的 地哟，月亮 弯 弯，看上溜溜的 地哟。
会当溜溜的 家哟，月亮 弯 弯，会当溜溜的 家哟。
任你溜溜的 求哟，月亮 弯 弯，任你溜溜的 求哟。

任你溜溜 的 求哟， 任你溜溜的 求哟！

康定溜溜调

"溜溜"的意思为"窄溜溜"——康定夹在三山之间，地形狭长，当地人生动地称其为"一溜溜""窄溜溜"。

康定溜溜调的形成有个动人的故事：康定城的张裁缝（人称张大哥）和卖凉粉的李姑娘（人称李大姐）情投意合，却遭到双方父母的坚决反对。一位民间艺人深受触动，结合当地山歌的唱法写成了康定溜溜调，来表达对爱情的向往。

第八章

Chapter 8

匪夷所思的神偷

一位年轻人神色慌乱地跑了过来。

阿文？你不待在贡嘎山守林，怎么跑到这里来了？

不好了，有人闯入竹海偷大熊猫！

好大的胆子！我们一起去帮忙！

贡嘎山的风景美不胜收！

贡嘎山是蜀山之王，山上冰雪彻骨，山下遍布温泉。

头儿，是不是该去跟熊猫买家碰头了？

先干掉他们几个再说！

机器猫你快逃吧，别忘记给我刻个墓志铭。

博士，您现在还有心思想这个？

这很重要……我的墓志铭是:生得伟大，死得窝囊！

需要我戴竹海帮忙吗？

就凭你这副没吃饱的样子，也敢见义勇为？

哈哈，太不自量力了！我一根手指就能按扁你！

大哥哥你快逃吧，别被我们连累了。

你这瘦弱的样子，一拳就被打飞了！

心意我们领了，但不能眼睁睁看着你白白送死。

他的拳头明明对准你的，怎么却打中了我？

这腿脚也太灵巧了！

戴竹海大展身手，众打手纷纷被打倒在地。

刚才他明明慢吞吞地出招……

下一秒就变成离弦的箭了！

快慢结合、刚柔并济……峨眉武术？！

中国功夫太酷了！

快得根本看不清楚！

众人看着狼狈逃窜的霍曼几人大笑。

戴哥哥真是神功盖世！

大熊猫好可爱耶……我们把它们送回贡嘎山吧。

在众目睽睽之下偷走古书？

糟糕，古书怎么不见了？刚才还在！

原来神偷是只猴子！

它手里好像有东西……

贡嘎山

被誉为"蜀山之王"的贡嘎山位于康定南面，主峰周围有145座海拔五六千米的冰峰巍峨耸立。

贡嘎山原始生态环境完整，已查明的植物有4880种，国家一、二、三级保护动物20多种。群峰环绕的10多个高原湖泊清澈秀丽，星罗棋布的温泉更添灵动。

贡嘎山拥有世界罕见的原始森林和冰川共存的奇景，东坡最大的海螺沟冰川长14.2千米。

国宝大熊猫

哺乳动物大熊猫已在地球上生存了800多万年，是当之无愧的活化石。它们长着大大的黑眼圈和圆圆的脸庞，胖嘟嘟的身体迈着标志性的内八字步伐，憨态可掬，是世界上最可爱的动物之一。

大熊猫是中国特有的物种，被誉为中国国宝，几乎完全靠吃竹子为生，生活在四川、陕西和甘肃的茂密竹林里，其中四川是野生大熊猫最主要的栖息地。

三大名宗之峨眉派

中国武术历史悠久，有众多门派，而峨眉派、少林派和武当派则被誉为中国武术的三大名宗，平分秋色。

四川人身形灵巧。形神兼备的峨眉武术充分发挥四川人灵巧的身形特点，扬长避短，姿态舒展，动作敏捷，拳脚生风，身灵步活，刚柔并济，武术招式变换于瞬间，出招时避实击虚，以巧制胜。

峨眉武术

　　峨眉武术的创始人是战国时的司徒玄空，他模仿峨眉山的灵猴创立了猿公剑法，司徒玄空也成为被史料记载的中华武术第一人。

　　峨眉武术把刚与柔、快与慢、动与静、虚与实、轻与重等看似矛盾的技法相互结合，以快和慢为例：峨眉武术讲究"慢拉架子快打拳"，拉架子时要轻柔细缓，慢中待发，出击时则快如闪电，但快而不乱。

第九章

Chapter 9

彩龙飞舞

 扫码获取

☑ 角色头像
☑ 阅读延伸
☑ 趣味视频

贡嘎山的竹海里，老人和阿文坐立不安地等待着。

别担心了，大熊猫安然无恙地回来了。

太好了！谢谢你们！

对不起，我没保护好你们……

请把康定溜溜调的乐谱给我，我把缺失的音符补起来。

我刚发现羊皮卷上若隐若现地画着一些曲线。

好像是幅地图……

是羌寨地下的迷宫图！

我好像明白了，迷宫图和羊皮卷的区别是……

博士的意思，是在迷宫图对应的位置上画上溜溜调的音符？

太不可思议了，迷宫图竟然变幻成了一条彩龙！

你们快看，迷宫图发生变化了！

泸州彩龙？

五颜六色的龙，当然是彩龙。

我说的是泸州雨坛的彩龙，用来祈求风调雨顺、五谷丰登。

我有幸看过，只能用精彩绝伦来形容！

那还等什么？我们立即奔赴泸州！

我护送你们去吧。

泸州雨坛乡，当地人正活灵活现地舞动着两条金、银彩龙。

这里人山人海，气氛太热烈了！

是我出现错觉了吗？怎么觉得这两条彩龙是活的？

同感同感，这些龙不仅鲜活，而且充满了感情。

舞龙人已经与彩龙合二为一，他们赋予了龙舞生命力。

两条彩龙一直在追逐前面那个人举着的圆球。

那只圆球在灵活地躲闪，好有趣！

最前面的是耍宝人，他举着的是龙宝。

舞动的彩龙走哪条路线，速度快还是慢，都是由耍宝人负责。

龙舞有很多经典动作：龙夺宝、龙滚宝、龙翻滚……

中国人对龙的想象力实在是太丰富了！

你们留意到配合的音乐了没？显得龙舞更有气势。

那是川味浓郁的锣鼓吹打乐。

这很有可能就是破解彩龙图案的秘诀。

茜茜，你在嘀咕什么？

博士，你怎么看？咦，人呢？

你怎么不早说？！

我刚才看到了霍曼举着一瓶酒引诱博士。

103

好酒……真是好酒！

叔叔怎么喝成这样了？

博士拿着的迷宫图不见了……贪杯真是误事！

你们看那个背影是不是很眼熟……霍曼？！

众人追上霍曼，与他厮打起来。

你们以多欺少，真没绅士风度！

喂，你别乱碰我的空间转移按钮！

中华民族的图腾

　　古人把多种动物的特征——鹿的角、牛的头、虾的眼睛、蛇的腹部等和神话传说中的动物相融合，创造出了象征祥瑞的龙。这个崭新的动物形象——龙，成为中华民族的象征，是中华民族的图腾，体现着和谐、团结、开拓的华夏精神，而催人振奋的舞龙表演也变成中国人每逢隆重的节日时最常见的庆祝方式。

东方活龙

在四川泸州的泸县、荣昌、隆昌三县交界的龙洞山上，有一个安静的乡村，自古以来就有设坛舞龙，祈求风调雨顺、五谷丰登的习俗，因此得名雨坛乡。

清朝光绪年间，舞龙人把当时用的草把龙改成了彩龙。彩龙不仅造型异常精美，而且舞者表演技艺精湛，栩栩如生，被盛誉为中华神龙、东方活龙，雨坛乡也因此声名大振，被誉为龙的故乡。

舞龙经典动作

 雨坛彩龙的龙体造型别具特色，头部彩绘精美，龙的双目和下颌都能活动自如。

 人们充分发挥对龙的想象，创造出数十个经典的舞龙动作，如龙出洞、龙夺宝、龙拖宝、跳龙门、龙翻滚……彩龙与龙宝配合默契，龙身如行云流水般起伏摇摆，活灵活现，再配上贯穿整个表演的热烈的锣鼓吹打乐伴奏，龙舞场面更显恢宏气派。

人龙合一

　　雨坛彩龙的表演重在一个"活"字。彩龙追逐龙宝，时而恢宏壮观，时而妙趣横生。龙舞绝对不是单纯舞龙那么简单，舞龙人要与彩龙的情感交融成一体，彩龙被赋予了鲜活、灵动的生命力，充分体现出人龙合一。走在队伍最前面的要宝人手举龙宝，负责整个龙队表演的路线和速度，增加表演的故事性和灵动性。

第十章

Chapter 10

真相大白

位于南丝绸之路上的九寨沟。

四周美得宛如童话……这是哪里啊?

南丝绸之路?我得好好查查资料库。

这里的水竟然是彩色的?!

那是九寨沟海子,因为深度、水底沉积物和倒映的景色各不相同。

所以它们呈现出缤纷的色彩。

你们快看那边的瀑布!真壮观!

那是中国最宽的瀑布——诺日朗。

在荷叶寨少女的家里，众人目不转睛地盯着几件绣品。

哪位绣娘如此心灵手巧？

真不愧是四大名绣之一的蜀绣，件件巧夺天工！

都是依依我亲手绣制的。

绣品上这只熊猫的眼睛活灵活现！

我还以为是贡嘎山的大熊猫跟过来了呢！

姐姐，你是怎么绣出如此传神的眼睛的？

依依在一件还未完成的绣品上专心地绣了起来。

我现在要绣它的关键部位了。

这也是一幅动物刺绣，最关键的部位肯定是眼睛。

我用车的技法——从中心起针，逐渐向四周扩展。

那是因为我用长短不同的针脚，从最外面逐渐向内添针或者减针——就是拧。

你绣出的动物，每根毛发都栩栩如生。

众人如遭雷击，好半天才回过神来。

车拧到家？！

你们竟然知道蜀绣的技法？！

无暇解释的众人，紧张地在拼凑好的古书上写上"人龙合一"和"蜀绣"。

最后一段地图真的出现了！

还出现了几行小字。

家族的后人们，当你们看到最后一幅地图时……

童话世界九寨沟

九寨沟是一条纵深40余千米的山沟谷地，沟内遍布着葱翠的原始森林、连绵起伏的雪峰、高山湖泊群等，被誉为"美丽的童话世界"。108个泉、瀑、河、滩构成的海子星罗棋布，其中的五花海呈现出鹅黄、藏青、墨绿、宝蓝等各种颜色。

九寨沟里有九个藏族村寨，荷叶寨是进沟的第一个寨，也是九寨沟中最大的一个藏族村寨。

南方丝绸之路

　　南方丝绸之路、西北丝绸之路、海上丝绸之路，构成中国古代对外贸易和文化交流的主要通道。

　　公元前126年，漂泊十余载的张骞向汉武帝汇报西域情况，提及有条秘道通往大夏（今阿富汗、巴基斯坦），引起汉武帝高度重视。汉武帝派出4路人马打探，这条密道就是后来的南方丝绸之路。

　　南方丝绸之路始于四川成都，经云南、西藏等地，延伸至东南亚。

蜀绣

蜀绣、苏绣、湘绣、粤绣是中国的四大名绣。成都地区适宜种桑养蚕，刺绣条件得天独厚，汉代时蜀绣已经名满天下，成为皇室贡品，朝廷在这里设置了锦官，专门对其进行管理。

蜀绣形象生动，色彩艳丽，虚实得体，能产生强烈的视觉冲击力。它针脚整齐，平顺光亮，其刺绣的技法很是独特，至少有100种以上精巧的针法绣技，如车拧到家。

看漫画
领专属角色头像

跟着书本去旅行
在阅读中了解华夏文明

01

角色头像
把你喜欢的
角色头像带回家

02

阅读延伸
了解更多
有趣的知识

03

趣味视频
从趣味动画中
漫游中国

还有【阅读打卡】等你体验